7 Février 1883.

CATALOGUE

DES

OBJETS DE VITRINE

Des Époques Louis XIV, Louis XV et Louis XVI

JOLIES MINIATURES

BOITES, TABATIÈRES, ÉVENTAILS

Montres, Médaillons, Bijoux

Ivoires — Emaux — Bois sculptés

Nécessaire Louis XV — Pendule Louis XVI

TABLEAUX — TERRE CUITE — OBJETS DIVERS

COMPOSANT

LA COLLECTION DE MME E. W.

DONT LA VENTE AURA LIEU

HOTEL DROUOT, SALLE N° 3

Le Mercredi 7 Février 1883, à deux heures

Par le Ministère de M° E. BERTHELIN, commissaire-priseur

29, RUE LE PELETIER, 29

EXPOSITION PUBLIQUE

Le Mardi 6 Février 1883

DE 1 HEURE 1/2 A 5 HEURES 1/2

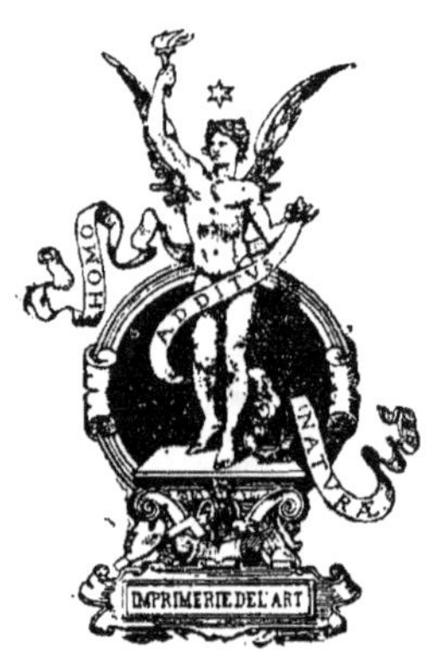

HOMO
ADDIT
NATVRA
IMPRIMERIE DE L'ART

CONDITIONS DE LA VENTE

Elle sera faite au comptant.

Les adjudicataires payeront *cinq pour cent* en sus des enchères.

L'exposition mettant le public à même de se rendre compte de l'état des objets, aucune réclamation ne sera admise une fois l'adjudication prononcée.

Paris. — Imp. de l'Art, J. Rouam, 41, rue de la Victoire.

DÉSIGNATION DES OBJETS

MINIATURES

1 — Lucas Cranach. Portrait de seigneur en costume du xvie siècle. Gouache.

2 — Van Loo. Portrait de dame en costume Louis XVI.

3 — Portrait de Mme de La Vallière.

4 — Portrait de dame en amazone, de l'époque Louis XV.

5 — Lawrence. Dame en costume Louis XVI, dans son intérieur.

6 — Coypel. Miniature. Époque Louis XIV. Sur
vélin, cadre sculpté.

7 — Portrait de dame. Époque Louis XIV. Sur
vélin.

8 — Holbein. Portrait de Mélanchthon, sur vélin

9 — Van Blarembergh. Médaillon vernis Martin.
Sujet d'Abr. Teniers,

10 — Van Blarembergh. Médaillon vernis Martin
Sujet d'après Guardi.

11 — Van Blarembergh. Place du palais, à Amster-
dam, avec grand nombre de figures.

12 — Miniature sur ivoire.

13 — Petit portrait de dame, sur vélin. Époque
Louis XVI. Cadre en or.

14 — Portrait d'Innocent II, cadre argent.

15 — Miniature Louis XIV, sujet mythologique.

16 — Quatre miniatures en couleur, sur vélin.

17 — Petite miniature ovale sur ivoire, portrait de
dame.

18 — Petite miniature ovale sur ivoire, portrait de
dame.

19 — Petite miniature ovale sur ivoire, portrait du
prince Murat.

20 — Petite miniature ovale sur ivoire. Quatre per-
sonnages.

21 — LAROCHE. Petite miniature ronde sur ivoire.

22 — Grande miniature sur vélin, dans un écrin.

23 — Miniature ronde : Vénus et l'Amour.

24 — PASQUIER. Portrait de femme, le sein nu. Cadre
bronze doré.

25 — Jeune femme coiffée d'un chapeau de paille, tenant un panier de fleurs.

26 — Boîte ronde en écaille, avec portrait de femme.

27 — Miniature ronde, Louis XIV. Enfant tenant un bouquet de fleurs.

OBJETS DE VITRINE

28 — Boîte en ivoire, Louis XVI, formant panier de fruits.

29 — Petite dague avec manche en ivoire, formé par un buste de femme.

30 — Camée, monture argent doré émaillé. Sujet mythologique.

31 — Bas-relief ivoire du XVIe siècle : Saint Georges terrassant le dragon.

32 — Petite statuette ivoire : Enfant tenant des
fruits.

33 — Deux petites statuettes gothiques en bois
sculpté.

34 — Mosaïque. Époque Louis XIV. Sainte Made-
leine.

35 — Médaillon en ivoire : Portrait en pied de
Henri II.

36 — Deux petites appliques Louis XVI, bronze doré
à une lumière.

37 — Médaillon argent, travail à jour. Époque
Louis XIV.

38 — Groupe en céladon et pierre dure : Singe
mangeant des fruits.

39 — Groupe en terre cuite de *Clodion :* Faune et
Nymphe.

40 — Petite statuette de guerrier, époque Louis XIV, en bois sculpté et ivoire.

41 — Petit brûle-parfums en ancien laque, monture en bronze doré.

42 — Petit médaillon du xvıe siècle, en argent sur fond doré.

43 — Quatre plaques en ivoire gravé, dans leur cadre doré et sculpté.

44 — Médaillon émail : Sainte Famille, avec cadre orné de pierres de couleurs.

45 — Petit émail Louis XVI, cadre doré : Moïse sauvé des eaux.

46 — Six petites cuillers argent doré.

47 — Vingt-quatre grands et douze petits boutons en acier poli et ciselé Louis XVI.

48 — Petit plateau Louis XIV en écaille avec incrustations.

49 — Petite statuette du xvie siècle : Amour couché.

50 — Joli petit plateau en laque en relief.

51 — Paire de boucles d'oreilles du xvie siècle, en or émaillé.

52 — Médaillon intaille sur sardoine. Sujet mythologique.

53 — Cadre émaillé orné de pierres fines.

54 — Épingle avec miniature, portrait de dame. Époque Louis XIV.

55 — Petit vase Louis XVI en agate, monture or et perles fines.

56 — Paire de boucles d'oreilles Louis XVI, ornées de roses.

57 — Affiquet en buis, avec petit personnage en costume du xvie siècle.

58 — Petite boîte Louis XIV, en écaille ornée de nacre gravée à sujets.

59 — Boîte Louis XV, cuivre doré avec fond d'aventurine.

60 — Statuette de femme drapée en bronze du xvɪᵉ siècle d'après, l'antique.

61 — Statuette de femme drapée en bronze du xvɪᵉ siècle, d'après l'antique. Socle en porphyre.

62 — Deux petits flambeaux Louis XVI, formés par des figurines tenant un œillet.

63 — Joli nécessaire de l'époque Louis XV, en galuchat et ornements en argent.

64 — Petit cadre ovale Louis XVI, en argent orné de strass.

65 — Jolie petite pendule de l'époque Louis XVI, en bronze doré sur socle en marbre, ornée de quatre cariatides.

66 — Éventail ivoire et soie, décors fleurs.

67 — Boîte argent repoussé. Époque Louis XVI.

68 — Boîte argent repoussé. Époque Louis XVI.

69 — Boîte argent repoussé. Époque Louis XVI.

70 — Boîte argent repoussé. Époque Louis XVI.

71 — Éventail ivoire et soie. Sujet Watteau.

72 — Tabatière en cuivre. Époque Louis XVI.

73 — Éventail nacre ancien. Sujet Watteau.

74 — Éventail ivoire et soie. Sujet Watteau.

75 — Éventail ivoire et soie. Sujet Wattean.

76 — Éventail ivoire et soie. Sujet Watteau.

77 — Bonbonnière en bois et or, couvercle miniature.

78 — Éventail de deuil en ébène feuilleté d'or.

79 — Vieille broche hollandaise en or et diamants,
monture sur argent.

80 — Tabatière en nacre et argent ciselé.

81 — Vierge en ivoire ancien.

82 — Saint Jean en ivoire ancien.

83 — La Vierge tenant le Christ mort sur ses genoux,
ivoire ancien.

84 — Saint Joseph, ivoire.

85 — Saint Jean-Baptiste, ivoire.

86 — Triptyque ivoire ancien, plusieurs figures en
bas-relief. représentant le sacre d'un roi.

87 — La Naissance du Christ, bas-relief, ivoire
ancien.

88 — Buire en émail de Limoges, avec plateau.

89 — Écrin contenant deux médaillons en vieil ivoire,
sur l'un est le portrait de Louis XIV, sur
l'autre, le palais de Versailles (bas-relief).

90 — Pipe dans un écrin ancien.

91 — Nécessaire de dame en nacre et or. Époque
Louis XVI.

92 — Nécessaire de dame en vieille écaille.

93 — Figurine ivoire. Notre-Dame de Liesse.

94 — Médaillon ivoire. Portrait de Jules César.

95 — Médaillon ivoire. Portrait de Louis XIV.

96 — Broche émaillée en argent.

97 — Glace dans une boîte en vieille écaille.

98 — Éléphant, pierre de lard.

99 — Boîte sculptée. Sujet japonais.

100 — Pomme de canne en porcelaine.

101 — Figurine ivoire ancien.

102 — Figurine ivoire ancien.

103 — Portrait-médaillon en ivoire.

104 — Mortier en bronze ancien avec gravure.

105 — Mortier en bronze ancien avec gravure.

106 — Couteau et fourchette, manche en vieux Saxe.

107 — Boîte à thé en vieille écaille.

108 — Ascension du Christ, en cuivre repoussé, re-
haussé de pierres fines.

109 — Groupe bois sculpté. Vierge et Enfant Jésus.

110 — Vase en bronze japonais.

111 — Groupe de deux figures en bronze d'art ancien.

112 — Montre en or repoussé. Époque Louis XVI.

113 — Boîte en porcelaine de Saxe avec sujets.

114 — Bronze d'art ancien sur socle marbre.

115 — Deux pendentifs argent, ornés de pierres.

116 — Trois paires de boucles d'oreilles, ornées de
pierres.

117 — Lot d'académies et études.

TABLEAUX

DESSINS

118 — ROUSSEAU. Petit paysage, environs de Paris.

119 — BREUGHEL. Paysans au repos, au bord d'une route.

120 — BREUGHEL. Départ pour le marché (pendant du précédent).

121 — WATTEAU. Buste de Comédien. Dessin à la sanguine.

122 — Douze petites gravures Louis XV coloriées.

123 — BOUCHER. Deux jeunes filles en buste, dessins en couleur.

124 — Objets non catalogués.